AF245075

L'ERREUR

DE

MONSIEUR DE BISMARK

CAUSERIE POLITIQUE

> On ne gagne rien à déprécier injustement un
> ennemi. Vainqueur, on diminue la gloire du
> triomphe ; vaincu, on accroît la honte de la
> défaite.
>
> A. DE QUATREFAGES.
>
> *(La race Prussienne).*

NIMES

TYPOGRAPHIE SOUSTELLE

9, Boulevart Saint-Antoine , 9.

—

1873

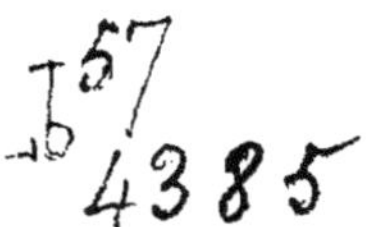

AVANT-PROPOS

—

« Nul, sans être averti, n'éprouva les orages, »

a dit la Sagesse antique par la voix mélodieuse du chantre de Man -
toue ; et la Sagesse antique, fille de l'expérience accumulée des siècles
antérieurs, avait raison quand elle prononçait cette parole profonde.

Oui, grands ou petits, il est bien rare que nous ne soyons pas préve-
nus par une voix amie lorsque l'orage commence à fermenter au-dessus
de nos têtes. Mais, par malheur pour nous, les ardentes passions qui
font bouillonner les âmes et troublent les esprits, nous empêchent, la
plupart du temps, de prêter l'oreille aux petites voix *amies* qui nous
prédisent la tempête ; aussi, neuf fois sur dix, poussée par ces ardentes
passions, bien plus encore que par les vents en fureur, notre barque
va-t-elle se heurter et se briser sur les écueils qui bordent le rivage.

Qui de nous, je le demande à tout homme de bonne foi, n'a pas trop
écouté la voix de la colère ou de l'envie, de l'ambition ou de l'orgueil,
de l'orgueil surtout, au moins une fois dans sa vie ! Aucun, sans doute.
Que cette connaissance et qu'un pareil aveu nous apprennent donc à
être justes et même bienveillants envers tous nos semblables ; ces
semblables fussent-ils nos ennemis ; ces ennemis fussent-ils nos vainqueurs.

Oui, soyons justes envers tous nos semblables si nous voulons obtenir
d'eux la réciprocité. Oui, soyons bienveillants, même pour nos vainqueurs, ce ne sera peut-être qu'une justice bien tardive de notre part.
Les Français, il faut enfin le reconnaître, n'ont pas toujours été tendres
et généreux pour les nations vaincues, aux jours où la victoire accom-
pagnait leurs armes.

La voix qui s'élève aujourd'hui vers l'illustre chancelier de la confédération germanique est une voix bien petite ; elle est même si petite qu'elle n'arrivera pas, sans doute, jusqu'à son oreille. Elle sera étouffée en route par le bruit des affaires et par le bruit des louanges de ses admirateurs. Mais, peu importe, il aura été clairement averti. Or, le destin ne lui doit pas davantage.

Assez de panégyristes, parmi ses compatriotes, ont essayé de mettre en relief la grandeur de l'œuvre de M. de Bismark, pour qu'il nous puisse être permis, à nous autres vaincus, d'essayer de mettre en lumière ce qu'il y a d'excessif, de creux et de mauvais dans son ouvrage.

Cette petite étude sera donc une critique, mais une critique faite d'une façon courtoise et loyale ; telle, en un mot, que les amis du grand ministre prussien ne puissent pas la prendre en mauvaise part et s'en offenser pour lui.

Si je pouvais avoir la bonne chance d'atteindre ce double résulta t l'exactitude et la courtoisie, je m'estimerais grandement récompensé des peines et du temps employé à la confection de cet ouvrage ; ouvrage bien exigu si l'on ne regarde que le côté matériel de l'œuvre ; mais nullement frivole, si l'on daigne le lire et l'étudier avec un peu d'attention soutenue.

Un peu d'attention, tel est en définitive ce que j'ose demander au lecteur impartial J'aime à croire que cette modeste sollicitation ne sera pas refusée à l'humble défenseur de la cause nationale, qui me paraît être celle de la justice et de la vérité.

Un dernier mot. Toute mon argumentation repose sur une maxime célèbre, attribuée à M. de Bismark ; maxime dont il a vivement répudié la paternité, avec preuves à l'appui.

Mais malgré ses dénégations, ainsi que l'opinion publique, je tiens pour essentiellement vraie une chose que je reconnais fausse dans la forme ; car, si M. de Bismark n'a pas lui-même formulé cette maxime, il l'a si vigoureusement appliquée qu'il se l'est appropriée, et si bien qu'il ne pourra pas la détacher de son nom auquel elle est à tout jamais liée.

L'ERREUR

DE MONSIEUR DE BISMARK

Pareil au dieu Janus de l'ancien paganisme, le génie de M. de Bismark a deux visages distincts et tout-à-fait opposés. Ces deux visages sont, pour leur donner un nom précis, l'EUROPÉEN et le FÉODAL.

Le premier de ces deux visages — l'EUROPÉEN — regarde en avant, du côté de l'avenir. C'est celui du bon sens et de la justice. C'est celui que nous devons tous aimer : quel que puisse être aujourd'hui le nom de notre patrie.

Le second de ces deux visages — le FÉODAL — regarde en arrière un passé lointain peu digne de regrets. C'est celui de l'arbitraire, de la ruse, de la violence et de l'erreur. C'est celui que nous devons tous craindre, enfants de l'Europe civilisée.

Ces deux visages du grand ministre prussien, qui, au premier regard, peuvent paraître une monstruosité, s'expliquent facilement lorsqu'on se donne la peine d'examiner l'état intellectuel et moral du XIXᵉ siècle.

Tous les siècles sont des siècles de transition, mais le nôtre me paraît avoir ce caractère au suprême degré.

En effet :

Tandis qu'à l'Occident de la pensée le flambeau des vieilles religions décline et s'éteint graduellement, pour disparaître bientôt sous l'horizon visible, une aurore, de plus en plus vive, inonde l'Orient de ses douces lueurs, annonçant ainsi l'apparition d'un foyer magnifique, d'un orbe lumineux, dont le soleil seul, dans le monde physique, peut donner une idée équivalente.

Ce foyer lumineux, cet orbe magnifique, encore invisible à nos yeux, sera la Science.

Entre ces vieilles religions qui déclinent et cette aurore de la Science, le XIX⁰ siècle hésite, tâtonne, et se scinde en deux camps opposés. Il se *pôlarise*, pour se servir d'une expression maintenant bien connue. Tantôt il regarde l'agonie de cette bonne Religion qui fut sa mère, et ce spectacle le remplit de tristesse ; tantôt il contemple les rayons avant-coureurs de la Science, et cette seule vue le remplit de joie.

Tel est le XIX⁰ siècle, tel est M. de Bismark. Au fait, ne sommes-nous pas tous ainsi ?

M. de Bismark a donc un pied dans la vérité, si l'on peut s'exprimer de la sorte, et un pied dans l'erreur. Examinons rapidement cette dernière chose.

L'erreur du célèbre ministre teuton est une, et cependant elle n'est pas *simple*, comme disent les chimistes en leur langage, quand ils veulent exprimer la composition de l'air, de l'eau, de la terre, ou de tel autre corps qu'on voit dans la nature.

Son erreur n'est pas *simple* puisqu'elle est en même temps *théorique* et *pratique* : la première étant le germe ou la racine de la seconde, la seconde étant l'épanouissement ou le fruit de la première.

Analysons d'abord son erreur *théorique*, la plus grave et la plus dangereuse des deux.

Ce que Ptolemée, l'astronome, fut jadis pour l'astronomie, M. de Bismark l'est aujourd'hui pour la politique.

M. de Bismark ne regarde pas le mécanisme social avec les yeux de la raison, il le regarde seulement avec les yeux du corps. De là son système et de là son erreur.

M. de Bismark a regardé sur la terre, et il a vu la gazelle dévorée par le tigre, l'antilope étranglée par le lion, la brebis emportée par le loup, le lièvre tué par le renard, le lapin saigné par le furet, etc.

Jetant ensuite son regard dans l'atmosphère, il a vu le cygne égorgé par l'aigle , la tourterelle assassinée par l'épervier, l'alouette étouffée par le faucon, la cigale dévorée par le moineau, la mouche dévorée par l'araignée, etc., etc.

Plongeant ensuite son regard dans les profondeurs aquatiques, il a vu le cachalot dévorer la morue, le requin dévorer le hareng, le brochet dévorer la carpe, l'anguille absorber le goujon, etc., etc.

Descendant plus bas encore dans la série biologique, M. de Bismark a interrogé le monde végétal, et le monde végétal lui a fait partout la même réponse. Dans cette forêt ombreuse et tranquille qui paraît sommeiller au soleil ; dans cette prairie verdoyante et fleurie qui réjouit les yeux du poëte et ceux de l'homme fatigué de longs travaux sédentaires, il a vu de nouveau le spectre de la guerre surgir de toutes parts. D'arbre à arbre, de brin d'herbe à brin d'herbe, de fleur à fleur, il a vu l'extermination se poursuivre implacable et féroce. Il a contemplé chaque racine s'étendre dans le silence et l'ombre, se tordre comme un serpent, pour voler à ses voisins l'atome nourricier. Il a vu la mousse , le lierre et tant d'autres végétations parasites, envahir, escalader le chêne pour lui dévorer la sève qui l'alimente.

Armant ensuite ses yeux d'un puissant microscope, M. de Bismark a interrogé le monde des infiniments petits et, chose non moins terrifiante, il a vu de rechef une guerre effroyable rugir sans accalmie aux dernières limites de l'existence matérielle.

Alors, devant cette inexorable loi de la fatalité, relevant la tête avec énergie, M. de Bismark a fini par dire comme notre grand fabuliste :

« La raison du plus fort est toujours la meilleure. »

— 8 —

Seulement, comme M. de Bismark ne veut point avec raison passer pour un plagiaire, il a dit, lui, avec plus de laconisme encore

« LA FORCE PRIME LE DROIT ! »

La Force prime le Droit !... Le grand ministre prussien est-il bien certain d'avoir la vérité pour lui quand il lance à la face du monde cette tranchante affirmation ? Pour ma part je ne puis ni ne veux le croire.

Non, M. de Bismark n'a pas raison quand il affirme cela ; car voici, en substance du moins, ce que pourrait lui répondre le Copernic de la mécanique sociale, si, par bonheur pour nous tous, ce grand homme existait quelque part et se dressait en face de lui :

PRINCE !

Au lieu de multiplier à l'infini vos observations biologiques (observations qui sont, pour ainsi parler, toujours *la même*, puisque vous vous bornez à ne voir jamais et constater sans cesse que la lutte de deux individus adverses), groupez en un vaste faisceau toutes les remarques faites par vous, et vous ne resterez pas longtemps pour voir une solution bien différente de la vôtre à ce formidable problème. Pour atteindre ce résultat écartez-vous un peu de votre microscope, comme le peintre s'éloigne un peu de sa toile lorsqu'il veut voir l'effet *réel* de son tableau, et vous verrez clairement le plan *réel* du tableau de la nature.

Au lieu de *descendre* la série biologique, de l'homme à l'infusoire, ce qui la conduit dans les ténèbres qui offusquent son regard, que votre pensée *remonte* l'admirable série des êtres vivants, de l'infusoire à l'homme, et bientôt elle pourra revoir la blanche lumière du *bon* sens.

En un mot, daignez refaire pour la biologie le même effort

intellectuel que vous avez fait jadis pour l'astronomie ; du jugement des yeux faites appel au jugement de la raison ; rompez la chaîne pesante de l'illusion des sens, et bientôt sans plus d'efforts, dans un calme délicieux, vous verrez la sagesse et la bonté divines éclater de toutes parts en magnifiques harmonies.

La destructivité, ce terrible phénomène qui a tant affligé les âmes douces de tous les temps et de tous les pays ; la destructivité, cet écueil encore si mal éclairé par la science moderne, est le rouage le plus indispensable de la vie ; premièrement, parce qu'elle en est le CONSERVATEUR ; secondement, parce qu'elle en est l'AMÉLIORATEUR.

Je m'explique.

Les fluides, naguère nommés impondérables, tels que la lumière, le calorique, l'électricité, etc., *dévorent* sans repos la lourde matière minérale ; mais qui ne voit qu'en agissant de la sorte ces agents si actifs et si subtils réalisent un grand progrès dans la grande mécanique de la nature. En dévorant le minéral les fluides lui procurent le *mouvement*.

Depuis la mousse imperceptible jusqu'au chêne majestueux, le végétal *dévore* sans cesse les divers fluides indiqués ci-dessus, mais en agissant ainsi le végétal réalise un nouveau progrès. Il donne à ces fluides actifs, mais vagues et flottants, l'*organisation* d'une part, et les premières lueurs de la *sensibilité*, de l'autre.

La fonction du végétal est belle ; celle de l'animal est plus belle encore. L'animal *dévore* toutes les plantes de la création, mais par ce moyen la nature accorde au végétal ce que les naturalistes nomment « L'INSTINCT » c'est-à-dire l'intelligence et l'amour à l'état obscur.

La fonction de l'homme physique est plus admirable encore que celle de l'animal. L'homme tue et *dévore* tous les animaux de la terre, de l'air et des eaux, c'est vrai ; mais par ce moyen la puissance créatrice réalise un nouveau progrès, celui de mé-

tamorphoser l'instinct *obscur* de l'animal en « RAISON » : ce
phénomène rayonnant et sublime qu'il suffit d'énoncer pour
le faire apprécier.

—Je vous arrête là, pourriez-vous m'objecter, monseigneur ;
la guerre, l'horrible guerre existe aussi parmi les hommes.
Or, la guerre existant aussi parmi les hommes, que devient
donc, je vous prie, un jour de bataille, cette *rayonnante*, cette
sublime raison dont vous faites tant de bruit ?

Jusqu'ici, je dois le reconnaître, nul philosophe, nul savant,
nul poëte, nul journaliste, nul avocat n'a su répondre à votre
navrante objection d'une manière intelligible (du moins à
ma connaissance) ; mais votre serviteur va essayer de combler
cette sombre lacune.

En descendant la série biologique de l'homme à l'infusoire,
on voit bientôt que la guerre augmente rapidement et comme
dimension et comme intensité. Ainsi l'homme est sobre en
comparaison du tigre et du lion ; le tigre et le lion sont
sobres à côté de l'aigle et du vautour ; mais l'aigle et le vautour, pour la voracité, sont de véritables anachorètes à côté
de tel insecte qui parvient, en vingt-quatre heures, à dévorer
trois fois le poids de son corps. Ce dernier point est un fait
bien prouvé. Vous ne l'ignorez pas, sans doute.

Il résulte de cela que l'homme tue moins que le tigre et le
lion, que ceux-ci tuent moins que l'aigle et le vautour, et
l'aigle et le vautour beaucoup moins que tel ou tel insecte.

La guerre est donc un phénomène qui va DIMINUANT sans
cesse de l'infusoire à l'homme.

Cette diminution progressive de la guerre qu'on remarque
de l'infusoire à l'homme, cette diminution, dis-je, existe éga-
lement de l'homme sauvage à l'homme civilisé (quelques
chiffres, en bien petit nombre, pourraient vous prouver cela
d'une manière invincible) ; cela étant ainsi, tout nous autorise
à présumer que la guerre est un phénomène qui cessera
bientôt d'exister parmi les hommes, lorsqu'un certain but,

que nous ne voyons pas encore bien clairement, sera touché par l'espèce humaine.

Résumons ce que nous venons de dire sur la guerre par une affirmation décisive.

La guerre, c'est l'aiguillon de fer, dont la nature se sert pour faire avancer les créatures inférieures vers l'espèce humaine, et l'espèce humaine vers la civilisation ; c'est-à-dire vers l'unité politique, sociale et religieuse.

En Europe, la moins barbare des cinq parties du monde, la civilisation parfaite est encore bien éloignée de nous.

Néanmoins, avec un peu d'attention, il est aisé de voir que sur ce continent la guerre n'existe déjà plus, ni entre les peuples, ni entre les souverains.

Quand la guerre éclate en Europe, c'est entre les cou-RONNES.

Les couronnes sont, maintenant, les organismes les plus puissants et les plus compliqués que la nature présente à notre étude.

Les couronnes se *tuent* et se *dévorent* entre elles, absolument comme les plantes, les infusoires et les animaux des règnes inférieurs se tuent et se dévorent entr'eux.

Cette destruction, cette absorption des couronnes les unes par les autres, toujours irrégulière et confuse, se poursuit néanmoins d'une manière continue et progressive.

Cela n'est pas une rêverie.

Au moyen-âge, le nombre des couronnes de l'Europe était incalculable, puisque chaque village avait alors, au-dessus de sa tête, un château plus ou moins fort qui lui faisait la loi.

En 1789, après des soulèvements et des chocs innombrables entre ces organismes, le terrain toujours mouvant de la féodalité avait fini par acquérir assez de consistance. De grands linéaments politiques avaient enfin surgi de ce chaos ténébreux. Il ne restait plus que 249 couronnes en Europe.

En 1815, après la formidable éruption de la République française et de l'Empire, une grande condensation politique s'était opérée sur notre continent. Le nombre des couronnes n'était plus que de 66. Cette fois le progrès était non-seulement visible ; il était encore éclatant.

La guerre de Crimée eut pour résultat la répression du développement *prématuré* de la couronne moscovite.

En 1860, après la guerre d'Italie, le nombre des couronnes européennes fut réduit à 50 ou 51.

En 1866, après la guerre d'Allemagne, le nombre des couronnes fut encore diminué, Dieu merci !

En 1871, après la guerre de France, vous auriez pu facilement, monseigneur, balayer toutes les petites couronnes restées encore debout en Allemagne ; ce qui aurait réduit à 16 le nombre des souverains de l'Europe. Résultat bien digne d'éloges, du moins à ce qu'il me semble.

Malheureusement pour tout le monde, au lieu d'écouter les lumineux conseils de votre bon génie, vous avez préféré suivre les sombres inspirations de votre haine teutonique et féodale ; au lieu de parfaire l'Unité germanique, vous avez voulu conquérir, annexer deux petites provinces réellement françaises. Opération déplorable à tous les points de vue, car elle ne facilitera, ni la marche des affaires politiques de l'Europe, ni celles de l'Allemagne et celles de la Prusse beaucoup moins encore.

Oui, M. le Chancelier, cette opération ne va pas simplifier les affaires politiques de l'Europe, et les *vôtres* bien moins encore ; car, enfin, de deux choses l'une :

Ou bien les nations sont des individus *réels*, des êtres vivaces, profondément enracinés dans le sol, *dessinés* et voulus par la nature, et, par conséquent, indestructibles ;

Ou bien les nations sont des agglomérations artificielles, des organismes provisoires, sans racines profondes, des êtres enfantés par le hasard des alliances, des révolutions et des batailles, et, par conséquent, périssables au gré de mille évènements imprévus.

Si les nations sont des êtres réels, indestructibles et voulus par la nature, pourquoi donc, ô petit gentillâtre, avoir fait à la FRANCE un si cruel outrage ?...

Si les nations, au contraire, ne sont que des êtres artificiels, des choses provisoires, pourquoi donc, ô grand homme d'Etat, n'arborez-vous pas de suite le vaste et beau drapeau de l'Unité européenne ?

Eh quoi ! après un siècle de tortures et d'écrasement, la petite Pologne râle encore sous les ongles tranchants des trois aigles qui l'ont dépecée ; et vous avez la conviction de pouvoir *emporter*, à vous tout seul, ce gros mouton qui se nomme la France !...

Allons, allons, réveillez-vous, Excellence ! Pensez au corbeau de la fable, ou sinon, prenez bien garde à l'île Sainte-Hélène.

Telle est, en substance du moins, la réponse que pourrait formuler le Copernic de la science sociale à M. de Bismark, qui n'est certainement ni un esprit vulgaire, ni un cœur cruel, quoi que puissent dire de lui notre patriotisme endolori et notre orgueil humilié par la défaite.

Oui, proclamons-le bien haut, M. de Bismark n'est ni un sot, ni un méchant ; seulement il se trompe en affirment que la « FORCE PRIME LE DROIT » et nous cherchons en vain autour de nous ce Copernic du bon sens qui, seul, pourrait lui répliquer d'une manière irréfutable et victorieuse.

Il existe bien, en Europe, plusieurs savants de haut titre, plusieurs naturalistes éminents, capables de suppléer dans une bonne mesure cet homme supérieur. Mais, hélas ! au lieu de nous peindre à grands traits le tableau de la *biologie réelle*, chacun de ces hommes de talent s'obstine à piétiner, à s'embourber dans les mille sentiers sans issues de la *biologie apparente*... Que faire alors ?

A défaut du maître absent, à défaut des émules égarés dans de fausses directions, qu'il soit donc permis à un simple particulier, ami des champs et de la nature, de prendre la plume pour essayer de remplacer ceux qui ne sont pas à leur poste. Sur un navire, en l'absence du capitaine et de ses lieutenants, un sous-officier, un simple matelot même, n'a-t-il pas le droit et le devoir de prendre la barre du gouvernail pour essayer de ramener vers un abri quelconque le vaisseau désorienté qui erre à l'aventure ?

. . . .

Telle est donc l'erreur *théorique* de M. de Bismark. Celle sur laquelle il s'appuie pour diriger les affaires de *sa couronne*, — on ne peut pas dire de — *son pays*, — car on commettrait la même erreur que lui.

Mais comme une chose théorique ne sait guère intéresser que des *rêveurs* tels que nous autres, Français, nous allons nous arrêter ici pour attaquer de suite l'erreur *pratique* de M. de Bismark, son erreur *positive*, comme disent aujourd'hui nos vainqueurs d'outre-Rhin.

Je ne suis pas bien fort au jeu de dames, jeu que tout le monde connaît plus ou moins bien ; cependant je sais qu'à ce jeu les deux adversaires jouent, chacun, avec 20 pièces appelées pions, chaque pion étant de la même valeur absolue que les 39 autres.

Je sais, ou du moins je crois savoir encore, que ce jeu engendre logiquement l'une des trois *conclusions* suivantes :

1° Il est dit *plus fort* qu'un autre le joueur qui sait vaincre son adversaire à armes égales, c'est-à-dire avec le même nombre de pions ;

2° A plus forte raison est-il appelé *plus fort* qu'un autre, le joueur qui sait vaincre son adversaire avec un nombre de pions plus faible ;

3° Mais il n'est jamais re connu *plus fort* qu'un autre, eût-il gagné mille parties, le joueur qui, pour vaincre son adversaire, a besoin d'un nombre de pions plus considérable.

Traduisons cela par des faits bien connus.

Il était *réellement* fort ce joueur qui, non loin de la ville d'Arbelles, avec 60 mille pions, sut vaincre Darius qui en avait 600 mille.

Il était encore *bien fort* cet autre joueur qui, sous les murs d'Alésia, sut, avec 60 mille pions, vaincre le magnanime Vercingétorix, qui en avait plus de 100 mille.

Il était presque aussi *fort* que le précédent cet autre joueur qui, tout près d'Austerlitz, avec 60 mille pions à peine, vainquit l'intrépide Kutusoff, qui en avait 80 mille.

Mais peut-on vous appeler *fort*, vous, M. le chancelier, qui, pour vaincre soixante mille pions français, avez toujours été dans l'obligation de mettre en ligne quatre-vingts mille pions allemands ?

Non, certes ! répondra bientôt l'histoire impartiale.

Notez bien que chaque pion allemand possède, à votre dire, la triple supériorité de l'instruction, du courage et de la discipline.

Non ! non ! vous n'êtes pas aussi *fort* que vos admirateurs le prétendent.

Et la preuve, monseigneur, que vous n'êtes pas *réellement* le plus fort, la preuve que votre victoire n'est qu'une victoire factice, un triomphe en ruolz, c'est que vous n'avez pas confiance en vous.

Et la preuve irrécusable que vous n'avez pas confiance en vous, illustre chancelier, comme le lion, par exemple, a confiance en lui, c'est que vous vous êtes empressé de conclure je ne sais quelle alliance avec la couronne d'Autriche et avec la couronne de Russie... Avec la couronne d'Autriche que vous avez souffletée avant-hier ; avec la couronne de Russie qui se dispose à dévorer la vôtre après-demain.

Un mot encore, Prince, et j'aurai terminé.

J'ai toujours entendu dire que vos compatriotes ont un goût prononcé pour les abstractions de la métaphysique. Si ce dit-on est vrai, je vous demande la permission d'en formuler *une* à mon tour.

En ce monde, vous ne l'ignorez point, la grande lutte de la vie a lieu surtout entre la *qualité*, d'une part, et la *quantité*, d'autre part.

Si le triomphe définitif doit un jour appartenir à la *qualité*, je pense qu'il faut crier : VIVE LA FRANCE ! cette noble et généreuse nation qui a produit tant de merveilles en tous genres; entre autres, l'admirable unité des poids et des mesures, et dont la veine féconde est loin d'être épuisée, je me plais à le croire.

Si le succès final, au contraire, doit un jour appartenir à le *quantité*, je suis forcé par votre logique de crier : VIVE LA RUSSIE !..... La Russie n'est-ce pas la couronne qui possède le plus grand territoire et la plus nombreuse population de l'Europe?

De ces deux forces opposées quelle est celle qui triomphera dans l'avenir ? Je l'ignore complétement. Mais ce que je distingue très-bien, c'est que *votre couronne*, matériellement et logiquement, se trouve juste placée entre la France et la Russie, entre la quantité et la qualité, comme la barre de fer rougie se trouve placée entre l'enclume et le marteau.

Je ne connais pas mieux le nom, l'âge et la demeure du formidable cyclope qui ne peut manquer tôt ou tard d'employer cette enclume et ce marteau ; mais ce dont je suis bien persuadé, c'est qu'un jour donné, sous les coups redoublés de ce terrible forgeron, votre couronne mal fondue et mal ajustée ne fera pas long feu.

F. B.

Nîmes. — Typographie Soustelle, boulevard Saint-Antoine, 9.

www.ingramcontent.com/pod-product-compliance
Lightning Source LLC
Chambersburg PA
CBHW061900080726
47597CB00010BA/4328